AF314232

*13 Avril 1892.*  V

# TABLEAUX

## DE L'ÉCOLE FRANÇAISE

## Objets d'Art de la Chine

### MEUBLES

IMPRIMERIE MAULDE ET RENOU

**A. MAULDE & C**ie

IMPRIMEURS DE LA COMPAGNIE DES COMMISSAIRES-PRISEURS

*Rue de Rivoli, 144*

# CATALOGUE

DES

# OBJETS D'ART

## DE L'EXTRÊME-ORIENT

## PORCELAINES DE CHINE

Jades, Émaux cloisonnés, Bronzes
Laques, Ivoires japonais, Bois sculptés, Lit, Guéridon, Sièges chinois
Incrustations du Tonkin, Armes de l'Océanie

# TABLEAUX

PARMI LESQUELS

Un charmant Portrait de femme, par **DROUAIS**, 1765
Le petit Dessinateur, par **LÉPICIÉ**
Fleurs des Champs, par **COROT**

**Peintures décoratives et Portraits de l'ÉCOLE FRANÇAISE**

GRAVURES EN COULEURS

## BRONZES D'AMEUBLEMENT ET MEUBLES

### CONSOLE RÉGENCE EN BOIS DORÉ

Buffets de salle à manger, Sièges anciens et modernes, etc.

## TAPISSERIE

DONT LA VENTE AURA LIEU

# HOTEL DROUOT, SALLE Nº 3

**Les Mercredi 13 et Jeudi 14 Avril 1892, à 2 heures**

COMMISSAIRES-PRISEURS

Mᵉ **G. DUCHESNE**  |  Mᵉ **J. GUILLET**
rue de Hanovre, 6  |  rue Fénelon, 5

EXPERT : M. Ch. **MANNHEIM**, rue Saint-Georges, 7

## EXPOSITION PUBLIQUE

*Le Mardi 12 Avril 1892, de 1 heure 1/2 à 5 heures 1/2*

# CATALOGUE

DES

# OBJETS D'ART

## DE L'EXTRÊME-ORIENT

## PORCELAINES DE CHINE

Jades, Émaux cloisonnés, Bronzes
Laques, Ivoires japonais, Bois sculptés, Lit, Guéridon, Sièges chinois
Incrustations du Tonkin, Armes de l'Océanie

# TABLEAUX

PARMI LESQUELS

Un charmant Portrait de femme, par **DROUAIS**, 1765
Le petit Dessinateur, par **LÉPICIÉ**
Fleurs des Champs, par **COROT**

**Peintures décoratives et Portraits de l'ÉCOLE FRANÇAISE**

GRAVURES EN COULEURS

## BRONZES D'AMEUBLEMENT ET MEUBLES

### CONSOLE RÉGENCE EN BOIS DORÉ

Buffets de salle à manger, Sièges anciens et modernes, etc.

### TAPISSERIE

DONT LA VENTE AURA LIEU

# HOTEL DROUOT, SALLE N° 3

**Les Mercredi 13 et Jeudi 14 Avril 1892, à 2 heures**

COMMISSAIRES-PRISEURS

**Mᵉ G. DUCHESNE** | **Mᵉ J. GUILLET**
rue de Hanovre, 6 | rue Fénelon, 5

EXPERT : **M. Ch. MANNHEIM**, rue Saint-Georges, 7

## EXPOSITION PUBLIQUE

*Le Mardi 12 Avril 1892, de 1 heure 1/2 à 5 heures 1/2*

## CONDITIONS DE LA VENTE

—

Elle sera faite au comptant.

Les Acquéreurs paieront, en sus des adjudications CINQ CENTIMES PAR FRANC applicables aux frais.

Aucune réclamation ne sera admise une fois l'adjudication prononcée.

A. MAULDE et Cⁱᵉ, imprimeurs de la Compagnie des Commissaires-Priseurs,
rue de Rivoli, 144          900—22727

# DÉSIGNATION

# TABLEAUX

—

### BOILLY (Louis-Léopold)

1 — L'Enfant à l'Oiseau.

> Portrait d'un petit Garçon, blond, vêtu d'une chemisette et tenant un chardonneret, charmante figure à mi-corps.
>
> Toile : H. 0ᵐ 22 ; L. 0ᵐ 17.

### BOUCHER (François)

2 — Pastorale.

> Dans un riant paysage, une jeune Fille debout contre un hangar rustique, coiffée d'un chapeau de paille, accoudée sur une corbeille de raisins et tenant une couronne de fleurs, cause avec une

Bergère en jupe rouge assise sur le gazon auprès d'un jeune Homme tenant une cornemuse. Une chèvre blanche, trois brebis et une vache couchée entourent la jeune Fille au chapeau de paille.

Agréable peinture décorative dans un encadrement en bois sculpté, doré et peint blanc.

H. 2ᵐ80; L. 1ᵐ82.

## BOUCHER (D'après)

**3 — Pastorales.**

Deux dessus de Portes. Encadrement chantourné en bois sculpté et doré.

H. 0ᵐ80; L. 1ᵐ00.

## COROT

**4 — Fleurs des Champs.**

Deux Fillettes dans les blés font des bouquets de bleuets, de marguerites et de coquelicots. — En avant, sur le sol, un chapeau de paille et une couronne de bleuets.

Peint sur panneau ovale légèrement, convexe, signé en bas à droite.

H. 0ᵐ62 ; L. 0ᵐ46.

## DEBUCOURT (D'après)

**5 — La Rose mal défendue.**

H. 0ᵐ31 ; L. 0ᵐ25.

## DREUX-DORCY

6-7 — Tète de jeune Fille et la Fillette à l'oiseau.

Deux Pastels ovales, dans des cadres chinois en bois sculpté à nombreuses figures, kiosques oiseaux, etc.

## DROUAIS (Fr.-Hubert)

8 — Portrait de jeune Femme.

Représentée presque de face, cheveux bouclés et poudrés, un nœud de soie blanche rayée de rose, sous le menton, un autre au corsage, les épaules recouvertes d'un mantelet bleu doublé d'hermine. Charmant portrait de l'artiste. Signé : *Drouais le Fils, 1765.*

Toile ovale : H. 0ᵐ54; L. 0ᵐ44.

## FALCONE (Aniello)

9 — Deux Batailles de l'antiquité.

H. 0ᵐ45; L. 0ᵐ75.

## FRAGONARD (Attribué à)

10 — Jeune Fille portant une Corbeille de fleurs.

Composition rappelant celle connue sous le titre de la Fuite à dessein.

Bois : H. 0ᵐ25; L. 0ᵐ10.

2.

## FRAGONARD (Attribué à)

11 — La jeune Fille aux Colombes.

Pendant du précédent.

Bois : H. 0ᵐ25 ; L. 1ᵐ20.

## HUET (Jean-Baptiste)

12 — La Cueillette des Cerises.

H. 0ᵐ45 ; L. 0ᵐ37.

## JOURDAN (A)

13 — Nymphe chasseresse.

Peinture décorative dans un encadrement de style Louis XV blanc et or.

H. environ 2ᵐ00 ; L. 1ᵐ40.

## LEPICIÉ (Nicolas-Bernard)

14 — Le petit Dessinateur.

Portrait d'un jeune Garçon, vu en buste presque de face, coiffé d'un tricorne, les deux mains appuyées sur un carton à dessin et tenant un porte-crayon.

Agréable Tableau d'une facture libre, pleine de franchise.

Toile ovale : H. 0ᵐ51 ; L. 0ᵐ44.

## LE PRINCE (Jean-Baptiste)

15 — Scènes Chinoises.

> Deux compositions en Pendants.
> Esquisses pour des peintures décoratives.
>
> H. 0ᵐ 38 ; L. 0ᵐ 25.

## LUSURIER (Mᵐᵉ Catherine)

16 — Portrait de jeune Femme.

> Vue de face, cheveux cendrés, vêtue d'un pei-
> gnoir garni de dentelles.
>
> Ce gracieux Portrait a tout le charme d'une
> œuvre de Drouais, dont Catherine Lusurier était
> élève.
>
> Signé et daté 1776.
>
> Toile ovale : H. 0ᵐ 60 ; L. 0ᵐ 48.

## MIRALLES (F.).

17 — Le Repos du Modèle.

> H. 0ᵐ 40 ; L. 0ᵐ 32.

## MIRALLES

18 — Le Bouquet.

> H. 0ᵐ 26 ; L. 0ᵐ 14.

## MIRALLES

19 — Manola.

H. 0$^m$26; L. 0$^m$14.

## PÉRIGNON

20 — Les Saisons.

Quatre dessus de Portes.

H. 0$^m$65; L. 1$^m$15.

## PÉRIGNON

21 — La Rieuse.

Toile ovale : H. 0$^m$80; L. 0$^m$64.

## POMMAYRAC (P. DE)

22 — La Vérité.

Toile ovale : H. 0$^m$44; L. 0$^m$54.

## RAOUX (JEAN)

23 — Le Repas champêtre.

Sept Figures ; peinture décorative.

H. 1$^m$90; L. 1$^m$25.

## RAOUX (Jean)

**24 — Le Bain.**

Six Figures, pendant du précédent.

H. 1ᵐ90; L. 1ᵐ25.

## RICCI (Sébastiano)

**25 — Motif de Plafond.**

H. 0ᵐ39; L. 0ᵐ35.

## VARATORI (Alessandro) dit le PADOUAN

**26 — Mars et Vénus surpris par Vulcain.**

Œuvre d'une grande allure et d'un coloris titianesque.

H. 1ᵐ80; L. 2ᵐ00.

## WATTIER (Émile)

SUITE DE TROIS SUJETS GALANTS

**27 — Le souper de Régent.**

**28 — Le Tableau de l'alcove.**

**29 — L'Indiscret.**

Toiles : H. 0ᵐ60; L. 0ᵐ72.

# WATTIER (Émile)

**3o — Représentation théâtrale à Versailles.**

H. o{m}26; L. o{m}49.


# ÉCOLE FRANÇAISE

## (XVIIIᵉ SIÈCLE)

**31 — Portrait de jeune Femme.**

Presque de face, cheveux poudrés, coiffée d'un bonnet orné d'une tige de roses, collerette bouillonnée, robe rose décolletée.

Toilé ovale : H. o{m}60; L. o{m}5o.


# ÉCOLE FRANÇAISE

## (XVIIIᵉ SIÈCLE)

**32 — Les Oiseleurs.**

Un jeune Homme et deux jeunes Filles cachés dans les roseaux, au pied d'un groupe en marbre, tendent leurs filets.

Toile décorative dans un encadrement sculpté blanc et or.

H. 2{m}8o; L. 1{m}82.

## ÉCOLE FRANÇAISE

### (XVIII⁰ SIÈCLE)

33 — Femme nue sur un lit de repos, elle tient une guirlande de fleurs.

Signature illisible et date 1769.

Toile ovale : H. 0ᵐ30 ; L. 0ᵐ54.


## ÉCOLE FRANÇAISE

### (XVIII⁰ SIÈCLE)

34 — Femme couchée.

Toile ovale : H. 0ᵐ14 ; L. 0ᵐ19.


## ÉCOLE MODERNE

35 — Femme, la gorge à découvert.

H. 0ᵐ74 ; L. 0ᵐ58.


## ÉCOLE FRANÇAISE

36 — Portrait de jeune femme.

De face, en peignoir, coiffée d'un bonnet à rubans bleus, elle prend une Tasse de chocolat.

Pastel ovale : H. 0ᵐ65 ; L. 0ᵐ52.

# DESSINS, GRAVURES

37 — **Gavarni**. Deux Croquis plume et lavis.

38 — **Huet** (J.-B.). Les Bergères. Plume et encre de chine. — Signé et daté 1786.

39 — **Monsiau**. La Mort d'Abel. Suite de cinq aquarelles pour l'illustration en couleurs du volume in-4° : *La Mort d'Abel*, poème de Gessner, traduit par Hubin, Paris, 1793.

40 — **Debucourt**. Annette et Lubin, l'Escalade. . Deux pièces en couleurs.

41 — **Debucourt**. La Rose mal défendue.

42 — **Debucourt**. La Promenade publique.

43 — **Lavreince** (D'après). La Comparaison et la Confidence, par Janinet.

44 — **Taunay** (D'après). La Noce de village.

45 — **Taunay** (D'après). La Noce de village.

46 — **Taunay** (d'après). Les Chiens savants.

47 — **Huet** (D'après). Deux pièces par Bonnet ; Offrande de l'Amour à la Fidélité ; l'Amour offrant des présents à Ariane.

48 — **Huet** (D'après). Trois pièces : Le Goûter champêtre; Le Départ d'une foire; Le Marchand de poissons.

49 — **Huet** (D'après). La Déclaration; L'Amant pressant.

5o — Deux pièces en couleurs : l'Eventail cassé; l'Amant écouté.

5 1 — Deux pièces, dont les Plaisirs de la solitude, d'après LEPRINCE.

## JADES, MATIÈRES DURES

5 2 — **Jade gris**. Vase de forme quadrangulaire et aplatie à deux anses munies d'anneaux mouvants, prises dans la masse; le haut et la base du vase présentent des rinceaux feuillagés et des grecques en reliefs très peu saillants. Socle et couvercle en bois de fer sculpté et fouillé à jour. — Haut. du vase o$^m$225$^m$.

53 — **Jade gris**. Petit Vase, semi-ovoïde et son couvercle, entièrement couverts d'ornements en relief; il a deux petites anses figurées par des boutons de fleurs taillés dans la masse; le couvercle est surmonté d'une fleur prise également dans la masse. Ancien travail indien. Socle en bois de fer. — Haut. du vase o$^m$o8.

**54 — Jade nuancé de roux.** Deux Ecrans : plaques circulaires en jade sculpté sur les deux faces de sujets à personnages, de paysages et d'animaux. Cadres et suports en bois sculpté et ajouré. — Diam. des plaques 0<sup>m</sup>18.

**55 — Jade gris.** Vase piriforme aplati, offrant sur chaque face le simulacre de branches de fleurs maintenues par des rubans et sculptées en haut-relief. Le vase est supporté par un socle en bois de fer ajouré. Couvercle aussi en bois. — Haut. du vase 0<sup>m</sup>13 1/2.

**56 — Jade gris.** Coupe en deux pièces : pourtour et fond. Socle en bois de fer. Diam. 0<sup>m</sup>14

**57 — Jades variés de nuances.** Ecritoire chinoise composée de six pièces sur un socle en bois sculpté, savoir : un Plateau rond à plusieurs compartiments en jade vert, un Godet, une Boîte lenticulaire, deux Presse-Papiers en jade gris et un Porte-Pinceau en porcelaine emaillée en couleurs.

**58 — Agate grise mamelonnée.** Coupe en forme de fruit à une anse formée d'une branche détachée prise dans la masse et dont les feuilles en relief s'étendent sur le pourtour. Grand diam. 0<sup>m</sup>12. Socle en bois sculpté et fouillé à jour.

59 — **Jade blanc laiteux.** Quatre Tasses sans anse et leurs Présentoirs unis. — Haut. des tasses $0^m07$; Diam. des présentoirs $0^m13$ $1/2$.

60 — **Cristal de roche.** Cachet quadrangulaire et surmonté d'une figurine accroupie avec un socle en bois de fer.

61 — **Pierre dure d'un blanc verdâtre.** Coupe avec anse formée d'un dragon pris dans la masse.

62 — **Même matière.** Petite Tasse ronde à têtes de clous en relief, munie de deux anses branchages prises dans la masse.

63 — **Agate** de diverses nuances. — Lot de Coupes ovales.

## ÉMAUX CLOISONNÉS

64 — Garniture de Pagode composée de cinq pièces en émail cloisonné de belle qualité et reposant sur des socles en bois de fer, finement sculptés à jour : un Brûle-Parfums carré à quatre pieds et à anses avec couvercle surmonté d'une chimère en bronze ciselé et doré; deux Flambeaux carrés et deux Cornets de même forme. — Haut. $0^m40$.

65 — Quatre Plaques rectangulaires en hauteur, d'ancien émail cloisonné de la Chine : représentant des paysages (les Saisons) en couleurs avec ciels dorés. En haut, des inscriptions, cadres en bois de fer sculpté à personnages et fleurs. — Haut. 0ᵐ80 ; larg. 0ᵐ49.

66 — Brûle-Parfums sphérique, à couvercle campanulé, deux anses et trois pieds contournés en S en ancien émail cloisonné à décor de fleurs arabesques en couleurs sur champ turquoise. Socle en bois de fer. — Haut. 0ᵐ45.

67 — Deux Lanternes quadrilatérales, en forme de pagodes, en émail cloisonné à fleurs et grecques en couleurs sur fond turquoise. Le couronnement en bronze repercé à jour est enrichi de pendeloque en perles et ivoire teint. Socle en bois de fer. — Haut. 0ᵐ64.

68 — Flambeau d'ancien émail cloisonné à fleurs arabesques et lambrequins en émaux de couleur sur fond turquoise, la tige est formée par un caractère en bronze doré et repercé à jour, placé entre deux chauves-souris, le couronnement est muni de deux cuvettes superposées formant bobèches, la base est quadrilobée. Socle en bois de fer. — Haut. 0ᵐ56.

69 — Deux Porte-Bonnets de mandarins, en

ancien émail cloisonné de la Chine, formés
chacun d'une boule surmontant une tige à
nœud et balustre, reposant sur une base
circulaire. Socle en bois de fer sculpté à jour.
— Haut. 0^m35.

70 — Deux pièces d'un Jeu d'Échecs de l'Empereur, formées chacune d'une fleur de lotus en
cuivre repoussé et doré, sous un petit dais à
glands en émail cloisonné et supportée par un
pied également en émail. On a transformé ces
pièces en bouts-de-table en y adaptant deux
bras port lumières. Socles en bois de fer. —
Haut. 0^m31.

71 — Coupe Bursaire à bord plat festonné et Couvercle en émail cloisonné de la Chine. —
Diam. 15.

## BRONZES

72 — Statuette d'ancien bronze de la Chine : Confucius enseignant ; le Dieu a le bras levé ; il est
assis sur un rocher en bois de fer. — Haut.
0^m60.

73 — Statuette de Kouan-In, en bronze, à patine
rouge sur socle en bronze et contre-socle à
dragons en bois sculpté. — Haut. 0^m35.

74 — Grand Brûle-Parfums rectangulaire couvert de grecques et d'ornements en relief, anses formées de chimères ; Couvercle orné de dragons et surmonté d'un chien de Fô ; Socle à quatre pieds en bronze ; Contre-Socle en bois dur simulant des chauves-souris au milieu de nuages. — Haut. 0$^{m}$53.

75 — Deux Brûle-Parfums surbaissés à anses et pieds têtes d'éléphants et Couvercles repercés à jour, surmontés d'une chimère ; Socle en bois à jour, simulant des branchages fleuris. — Haut. 0$^{m}$30.

76 — Petit Vase ovoïde à deux anses formées de dragons, bronze à patine claire. Socle et Couvercle en forme de feuilles en bois de fer. — Haut. 0$^{m}$26.

77 — Petit Vase surbaissé, à deux têtes de chimères, figurant les anses ; sur la panse, des chimères et des cigognes en relief. Socle en bois de fer. — Haut. 0$^{m}$09.

78 — Brûle-Parfums en forme de mortier à deux anses, têtes chimériques, à couvercle repercé à jour et surmonté d'un bouton plat sur lequel sont engagées sept perles mouvantes en bronze ; le pourtour du vase a des nervures et est ceint d'une cordelette. Socle en bois. — Haut. 0$^{m}$15.

79 — Vase en bronze, forme balustre à quatre pans unis, anses formées par des têtes d'éléphants. Socle en bois de fer, ajouré. — Haut. 0$^m$21.

80 — Vase balustre à section ovale, offrant deux médaillons lobés, l'un contenant des fonghoangs. Socle en bois de fer. — Haut. 0$^m$19.

81 — Grande Fontaine de forme ovoïde en bronze niellé d'argent, décorée de dragons en hautrelief et d'une tête de dragon figurant le robinet. Le couvercle est surmonté d'une chimère ; le socle est à plusieurs degrés. — Haut. 0$^m$90.

82 — Deux Cornets à gorge très évasée et à panse renflée en bronze incrusté d'argent ; anses formées de chauves-souris. — Haut. 0$^m$40.

83 — Deux grands Cornets décorés de dragons, d'oiseaux et de branchages en relief; ils forment lampes. — Haut. 0$^m$75.

## OBJETS VARIÉS DE LA CHINE

84 — Laque rouge de Pékin, plateau hexagone à paysage et bordure de fleurs ciselés en relief.

85 — Laque rouge de Pékin, plateau oblong à bords ondulés à décor de dragons sur les flots, ciselés en relief.

86 — Flacon-Tabatière, ovale, en cristal incolore pareil au cristal de roche avec bouchon cabochon en verre bleu.

87 — Flacon-Tabatière, couleur d'ambre à figures en bas-relief.

88 à 92 — Ivoire Japonais : neuf netsukés composés chacun de plusieurs figurines et d'animaux.

93 — Divinité assise, en bois sculpté. Socle en bois de fer.

94 — Bois sculpté figurine de divinité assise, tenant le sceptre et ayant à ses pieds le chien de Fô. Socle en bois de fer.

95 — Quatre petites Tasses carrées et leur présentoir en émail peint de la Chine : Vases en couleur rehaussés d'or sur fond vert.

96 — Quatre Pièces en émail de Chine ; deux Tasses semi-ovoïdes à fleurs en émail blanc sur fond bleu et deux présentoirs carrés à fleurs arabesques sur fond jaune.

97 — Petit Plat en émail peint de la Chine.

98-99 — Deux petits Écrans rectangulaires en émail peint de la Chine représentant des paysages animés de figures. Socles en bois de fer.

100 — Pitong hexagonal à angles rentrants en bois de Teck, décoré d'animaux, d'oiseaux et d'arbres en incrustations de nacre et de pierres de couleur.

101 — Coffret rectangulaire en bois de fer, offrant sur le couvercle, des perdrix et des plantes en incrustations de nacre et de pierres de couleur.

102 — Deux Boîtes rectangulaires, chacune à deux compartiments superposés, en bois de fer ; les couvercles sont décorés de figures dans des jonques, en incrustations de nacre et de pierres de couleur.

## PORCELAINES DE CHINE

103 — Deux grands et beaux Vases, forme balustres, en ancienne porcelaine de Chine à couverte d'émail bleu jaspé. Pièces rares. Socles en bois de fer. Haut. 0$^m$67.

104 — Statuette de Confucius, drapé dans un manteau, assis sur un rocher et tenant un manuscrit roulé. Vieux blanc de la Chine. Sur son socle en bois de fer fouillé à jour. — Haut. totale 0$^m$50.

105 — Deux Statuettes de divinités, en vieux blanc
de la Chine, placées dans des chambres en bois
de fer, vitrées sur la face et les côtés.

106 — Figurine de Poussah assis par terre, en
vieux blanc de Chine. Socle en bois de fer.

107 — Beau Vase balustre, quadrilatéral, flanqué au
col de deux attaches, en ancienne porcelaine de
Chine à couvercle d'émail violet flambé et
décor de fruits et de feuilles en émaux blancs
et de couleurs. Belle qualité. Socle en bois de
fer. — Haut. 0$^m$38.

108 — Belle Bouteille en vieux céladon violet
flambé et craquelé partiellement. Sur l'épaule-
ment, deux Papillons en relief simulent les
anses. Jolie qualité. Socle en bois de fer.
Haut. 0$^m$39.

109 — Grand Vase balustre à col flanqué de deux
oreilles en porcelaine de Chine, de l'époque
de Kienlong, décoré sur la panse de nombreux
personnages en couleur sur fond blanc. Le col
a des fleurs et des ornements en couleur sur
fond bleu turquoise. Haut. 0$^m$76.

110 — Deux Jardinières de forme carrée à coins
coupés, en porcelaine émaillée, rouge flambé.
Socles et couvercles en bois de fer à décor d'en-
trelacs.

111 — Vase rond à dragon en relief, en porcelaine èmaillée, rouge flambé, il forme garniture avec les deux pièces qui précèdent.

112 — Deux Bouteilles en porcelaine de Chine, émaillées rouge haricot, marquées de caractères bleus. Socles en bois de fer.

113 — Vase piriforme à deux anses, trompes d'éléphants, décoréde fong-hoangs et de fleurs arabesques en bleu sur fond jaune impérial.

114 — DeuxVases cylindriques figurant des bambous en ancienne porcelaine de Chine, décorés d'oiseaux, de fleurs et de branchages en relief, émaillés en couleur sur fond jaune ; ils sont montés en lampes et reposent sur des socles en bois de fer. — Haut. des Vases 0<sup>m</sup>28.

115 — Vase balustre à deux anses avec anneaux fixes en porcelaine de Chine, décoré en émaux verts de scènes familières en des paysages avec bordures à réserves d'oiseaux, sur fond quadrillé vert et pointillé d'émail blanc. Socle en bois de fer. Haut. 0<sup>m</sup>29.

116 — Vase à six pans offrant chacun un groupe de personnages en bas-relief, rehaussé d'émaux de couleur ; le col est décoré de réserves à paysages en des encadrements de mosaïques

bleues et vertes. Socle en bois de fer. Haut. 0$^m$35.

117 — Vase piriforme, à col évasé, muni de deux anses trompes d'éléphants et à nervures horizontales. Il est émaillé bleu. Socle en bois de fer. Haut. 0$^m$37.

118 — Vase balustre court, à deux anses dragons, orifice festonné en vieux blanc de Chine. Socle en bois de fer. Haut. 0$^m$29.

119 — Petite Bouteille en vieux Chine émaillé bleu fouetté. Socle en bois.— Haut., 0$^m$17.

120 — Petit Vase, forme potiche, à décor de fleurs arabesques en émail blanc sur champ bleu foncé. Anses têtes chimériques. Socle et couvercle en bois.— Haut., 0$^m$13.

121 — Petit vase sphérique à chimères et arabesques en bleu sur fond jaune. Socle et couvercle en bois ajouré.— Haut., 0$^m$08.

122 — Petit Vase balustre et quadrilobé à deux petites anses, trompes d'éléphants, en vieux Chine à couvercle d'émail vert bronze. Socle en bois sculpté.

123 — Deux Coupes oblongues et quadrilobées analogues au vase qui précède. Marquées en

dessous d'un cachet en creux. Socle en bois sculpté à branchages fouillés à jour.

124 — Gourde à double renflement et triple tubulure en céladon vert d'eau. Marquée d'un cachet en bleu.

125 — Vase Balustre quadrangulaire et à deux anses trompes d'éléphants émaillé bleu d'empois craquelé.

126 — Bouteille - Gourde à deux renflements, décorée de rosaces et de rubans en bleu sur fond de céladon craquelé.

127 — Bouteille à décor de fleurs en bleu et rouge de cuivre sur fond blanc.

128 — Bouteille à corps sphérique, goulot et orifice renflés, décorée de scènes familiales en émaux de couleurs sur fond blanc. Au goulot, médaillon d'oiseaux en des encadrements d'or.

129 — Bouteille à corps ovoïde et goulot cylindrique, fond blanc et cavaliers en bleu avec rehauts d'or.

130 — Bouteille ovoïde en céladon craquelé à décor de cavaliers en émaux de couleur.

131 — Cornet évasé du haut et à renflement mé-

dian en céladon gris craquelé, ceint de trois bandes à feuillages réservés en blanc sur fond bleu.— Haut., 0$^m$22.

132 — Théière côtelée, couverte et à anse surélevée, d'un riche décor en émaux de la famille verte.

133 — Deux Petits Plateaux quadrilobés à fleurs arabesques en émail blanc sur fond verdâtre marqués d'un cachet rouge. Supports en bois.

134 — Petite Potiche à décor d'oiseaux et de branches fleuries en émaux de couleurs avec bande rose et bleue à la naissance du col.— Haut., 0$^m$17.

135 — Petit Vase en céladon à double réseau de craquelures. Socle en bois.— Haut., 0$^m$13.

136 — Petit vase quadrilobé en vieux céladon gris, à double réseau de craquelures. Socle en bois.— Haut., 0$^m$14.

137 — Petit Vase piriforme en céladon craquelé offrant sur la panse un motif de fleurs en bleu. Socle en bois.— Haut., 0$^m$15.

138 — Vase-Bouteille à col évasé en céladon craquelé. Socle en bois.

139 — Vase de forme allongée, fond blanc avec décor en émaux de couleurs, personnage sur un char, escorté de serviteurs portant des chasse-mouches.

140 — Bouteille à couverte d'émail couleur bronze clair, avec dragon en relief émaillé brun. Socle en bois de fer.

141 — Deux Vases de forme ronde en vieux Chine à décor d'oiseaux, de papillons, de fleurs et de feuillages en émaux de couleur, sur fond blanc. Pieds et couvercles en bois.

142 — Deux Jardinières rondes émaillées jaune et ceintes d'une bande de grecques en bleu sur fond vert.

143 — Grand Vase balustre à deux anses dragons en céladon grisâtre craquelé. — Socle en bois.

144 — Compotier ovale à bord ajouré, décoré au fond d'une figure de femme suivie d'une gazelle. Support en bois.

145 — Coupe en forme de fruit émaillée blanc et rouge et à anse branchage émaillée vert.

146 — Écran chinois, plaque circulaire en porcelaine décorée d'un paysage en rouge de fer

avec monture en bois composée de rinceaux entrelacés.

147 — Boîte plate pour délayer l'encre de Chine, en forme de fruit, le couvercle est orné de figures dans un paysage et de branchages en relief.

148 — Théière hexagonale en terre de Boccaro, décorée de fleurs en émaux de couleur sur fond jaune.

149 — Deux Jattes couvertes, en porcelaine de Chine à décor gaufré en relief et représentant des divinités sur les flots, peintes en émaux de couleur. Socles campanulés, en bois de fer découpé à jour.

150 — Deux Tasses en forme de fleurs élevées sur branchages en relief, intérieur émaillé bleu.

151 — Deux autres Tasses en forme de fleurs jaunes sur branchages en relief émaillés verts.

152 — Tasse ayant la forme d'une fleur de lotus rose, avec branchages en relief à la base.

153 — Bol en vieux Satzuma, décoré extérieurement de fleurs en émail blanc sur fond pailleté d'or, et intérieurement d'une figure de divinité en couleur et dorure.

154 — Quatre petites Tasses et leurs présentoirs à décor de fleurs en rouge, vert et or.

155 — Cinq petites Tasses variées de décor, dont plusieurs ont des ornements en relief.

156 — Huit Tasses sans anse en Chine à fleurs en couleurs, intérieur bleu turquoise.

157 — Quatre Présentoirs à figures en émaux de couleur et inscriptions en noir et rouge.

158 — Quatre Coupes en porcelaine mince, à décor très fin, vues de villes, en noir, or et émail blanc.

159-160 — Deux Flacons tabatières en porcelaine blanche de Chine, à parois ajourées, composées de dragons et de chimères.

161 — Deux petits Plateaux en porcelaine blanche en forme de feuilles, sur l'une un crapaud, sur l'autre une araignée.

162 — Trois petites Boîtes, l'une lenticulaire en céladon craquelé, l'autre carrée à fleurs bleues sur fond jaune, la troisième à figures en couleurs.

163 — Deux Chiens de Fô, en regard, émaillés vert, sur socles rectangulaires.

164 — Petite Chimère en vieux blanc de Chine.

165 — Figurine chinoise, tête et mains en biscuit
réservé, le costume émaillé bleu.

166 — Petit Vase à branchages gaufrés en relief,
émaillé bleu turquoise.

167 — Deux Vases rouleaux en Japon moderne à
décor de grecques et de fleurs arabesques en
bleu.

168 — Deux Vases à fleurs, cornets à renflements
médians, en Japon, décorés de fleurs arabesques en bleu.

169 — Deux paires de Vases de même forme,
décorés de fleurs en émail blanc sur fond
céladoné.

170 — Service à thé en porcelaine moderne du
Japon, à décor noir et or, imitant le laque :
deux Théières, douze Tasses et Soucoupes et
un Sucrier analogue.

171 — Service à Dessert en Chine moderne,
scènes familières et guirlandes de fleurs en
couleur : quatorze Plateaux à pieds, Théière,
grand Bol, Sucrier et Tasses, Compotiers et
Assiettes.

172 — Huit Compotiers en Chine moderne, décor à figures en émaux de couleur. Socles en bois de fer.

173 — Deux Compotiers ovales et quadrilobés à ornements couleurs et dorure sur fond blanc et bordure émaillée jaune. Socle en bois.

174 — Deux Compotiers rectangulaires et lobés à décor de dragons en couleurs. Socles en bois.

175 — Deux autres Compotiers côtelés décorés en couleurs. Socles en bois.

176 — Coupe ronde et lobée à personnages en émaux de couleurs. Socle en bois.

177 — Deux grands compotiers ovales et lobés à dragons en or et noir sur fond vert.

178 — Deux coupes, Chine moderne en forme de feuilles à bord ondulé ; insectes et fleurs en émaux de couleurs. Socles en bois.

179 — Compotier hexagone et évasé, Chine moderne, réserves et quadrillés, émaux de couleurs. Socle en bois.

180 — Coupe ovale à bouquets en émaux de couleurs, fond blanc. Socle en bois.

181 — Deux compotiers ronds et quadrilobés, à réserves de vases, sur fond turquoise, chargé d'ornements, bordures jaunes. Socle en bois.

182 — Trois Pièces : Cuvette et deux Boîtes à fleurs-arabesques en bleu. Japon.

183 — Trois Pièces en Chine moderne, décorées en bleu et or : Bouteille, Cuvette et Boîte à savon.

184 — Petite Coupe à bords contournés en céladon vert craquelé.

185-188 — Compotier, Bols, Plateaux et Boîtes cylindriques à compartiments, en Chine moderne.

## PORCELAINES DIVERSES, FAIENCES

189 — Tasse à anse double, Couvercle et Soucoupe en Saxe Marcolini, décorée de scènes galantes en couleurs.

190-196 — Onze Figurines en porcelaine de Saxe, Bergers, Bergères, Joueur de cornemuse, Termes sur socle quadrangulaire.

197 — Deux Vases avec Statuettes en porcelaine d'Allemagne.

198-201 — Groupes et Figurines, Saxe moderne
et imitation.

202 — Coffret en porcelaine de Saxe moderne à
Figures chinoises gaufrées en relief et rehaus-
sées d'émaux de couleurs.

203 — Plat long et octogone en vieux Rouen,
décor polychrome, Dames tenant des parasols,
palissades et ornements dans le goût chinois.

204 — Deux Tasses et leurs Soucoupes en faïence
à dessins en émail blanc sur fond d'émail
bleu d'empois.

205 — Jardinière en faïence artistique moderne
à décor de médaillons d'oiseaux en couleurs
sur fond blanc, avac entourage émaillé bleu
turquoise.

## OBJETS VARIÉS

## ET MEUBLES DE L'EXTRÊME ORIENT

206 — Deux très grandes Cornes de Rhinocéros
sculptées et évidées : fleurs de lotus supportées
par des branches de fleurs. Socles en bois de fer.
Haut. totale 0$^m$86.

207 — Grand Lit chinois formé de grands cercles posés de champ et reliés par des traverses et des ornements incrustés de bois de couleurs et d'os.

208 — Grand Panneau chinois en soie de couleurs rembourrée et soie peinte, représentant en relief un Cortége composé de nombreuses figures.

209 — Fauteuil chinois en bois de fer sculpté et découpé à jour ; les Panneaux du dossier représentent des plantes grimpantes sur un treillage avec, au milieu, une dame portant une corbeille de fleurs à l'aide d'un bâton appuyé sur l'épaule. Siège en cuir.

210 — Miniature chinoise en couleur avec rehauts d'or. Groupe de Divinités boudhiques. Cadre sculpté simulant des bambous.

211 — Guéridon en bois dur entièrement recouvert de fleurs arabesques, de papillons et d'oiseaux en incrustations de nacre gravée. Travail du Tonkin.

212 — Table-Étagère, en bambou avec tablettes laquées.

213 — Table à Thé rectangulaire, bambou à filets d'or, Tablette d'entrejambes et dessus en laque.

214 — Petit Guéridon Chinois, en bois dur sculpté
à jour à dragons s'enroulant autour du pied.
Le Dessus est formé d'une tablette en pierre
de lard encadrée d'ornements incrustés en
cuivre et nacre sur bois de fer.

215 — Guéridon Chinois en bois de fer, à tablette
lobée et incrustée d'une plaque en pierre de
lard.

216 — Coffre à angles coupés en laque noir,
aventuriné et incrusté de burgau.

217 — Lettre de félicitation de l'Empereur de
Chine au Vice-Roi de Canton (année 1860),
portant le sceau de l'Empereur, au milieu d'encadrements de bois doré.

218 — Etendards Chinois.

219 à 221 — Six Plateaux ovales, de trois dimen-
sions, en bois dur, décoré de fines incrustations
de nacre ; travail du Tonkin.

222 — Plateau rectangulaire, décoré d'incrustations
de nacre et de cuivre ; travail tonkinois.

223-228 — Trente pièces armes de l'Océanie :
casse-tête, massues, pagaies, boucliers, arcs,
flèches, kriss malais, pièces de costumes, etc.

## OBJETS DIVERS EUROPÉENS

229 — Statuette de Jeune Fille grecque tenant un coffret à bijoux et accoudée sur un fût de colonne, bronze, de J. GAUTIER.

230 — Pot à Tabac en galvano à figures flamandes en relief.

231 — Terre cuite. — Statuette de Baigneuse, assise, dans le goût de Falconet.

232 — Coupe ovale élevée sur quatre pieds en bronze plaqué de malachite.

## BRONZES D'AMEUBLEMENT, MEUBLES SIÈGES

233 — Grande Pendule Régence et sa console applique en marqueterie de cuivre sur écaille, enrichie de cuivres, dragons, figures mythologiques, mascarons, appliques. Une figurine d'enfant forme le couronnement. — Haut., 1$^m$30.

234 — Deux Petites Appliques Régence à deux lumières chacune en forme de branchages peints verts et garnis de fleurs en porcelaine.

235 — Grand Lustre de Salon, style Louis XIV, à deux rangées de lumières. garni de cristaux.

236 — Deux Chenets en bronze doré, style Louis XV, rinceaux et feuillages.

237 — Deux Chenets, style Louis XVI, modèle à vases, mufles de lions et draperies.

238 — Deux autres, Brûle-Parfums sur socles enguirlandés.

239 — Deux Appliques, style Louis XV, à trois lumières chacune.

240 — Suspension de Salle à manger avec lampe formée de deux bols inversés, en Chine moderne.

241 — Belle Console de la Régence en bois sculpté et doré, d'une riche ornementation consistant en trophées d'armures, rinceaux mouvementés et feuillages en relief, sur fond quadrillé ; sur la traverse qui relie les deux pieds, un singe tire un coup de canon.— Long., 1ᵐ 25.

242-243 — Deux Grandes Consoles, de style Louis XV, en bois sculpté et doré.

244 — Table ronde Louis XVI à pieds cannelés en

acajou, avec dessus en marbre blanc, bordé
d'une galerie en cuivre.

245 — Commode Louis XIV à trois tiroirs et
montants cannelés en bois de placage. Dessin
en marbre.

246 — Bibliothèque à portes vitrées en bois rose
et bois satiné, garnie de cuivre, style Louis
XV.

247 — Table à jeu en palissandre, garnie de
cuivre, style Louis XV.

248 — Petit Meuble à deux tiroirs en bois rose et
palissandre, garni de cuivres, style Louis XV.

249 — Table ovale de salle à manger en chêne
sculpté.

250 — Huit Chaises à pieds tors et dossiers
sculptés à griffons adossés; elles sont couvertes en cuir.

251 — Buffet à deux corps, le bas à porte pleine,
le haut à porte vitrée.

252 — Entre-deux à hauteur d'appui en chêne
sculpté à colonnettes et motifs de fleurs.

253 à 256 — Quatre Buffets à deux corps en chêne
sculpté décorés d'oiseaux et d'attributs de la

pêche et de la chasse. Le bas est à deux portes
pleines, le corps supérieur, en retrait, à deux
portes vitrées.

257 — Deux Fauteuils d'encoignure en bois
sculpté, à traverse de dossier en demi-cercle,
supportée par des griffons et des balustres
feuillagés, sièges en velours de couleur.

258 — Fauteuil Marquise à dossier bas en bois
sculpté et relevé de filets or, garni en soie
brochée à fleur.

259 — Deux Chaises de la fin du XVIII$^e$ siècle, à
pieds cannelés et dossiers arrondis à lyres, sièges
en étoffe lamée or.

260 — Deux autres Chaises analogues laquées
rouge avec filets d'or et garnies en même étoffe.

261 — Chaise longue Louis XV, en deux parties,
bois doré, garnie d'ancienne brocatelle.

262 — Fauteuil de bureau, Louis XV, en bois
sculpté et foncé de canne.

263 — Large Fauteuil Louis XVI, en bois sculpté
et peint blanc à perles et rubans, recouvert en
cretonne.

264 — Petit Fauteuil Louis XV en bois sculpté à
fleurettes et à moulures; il est foncé de canne.

## TAPISSERIE

265 — Grande Tapisserie en hauteur du XVIIe siècle, personnages costumés à l'antique et bordure large, composée de guirlandes de fruits. Haut., 3 m. 75 ; larg., 2 m. 85.

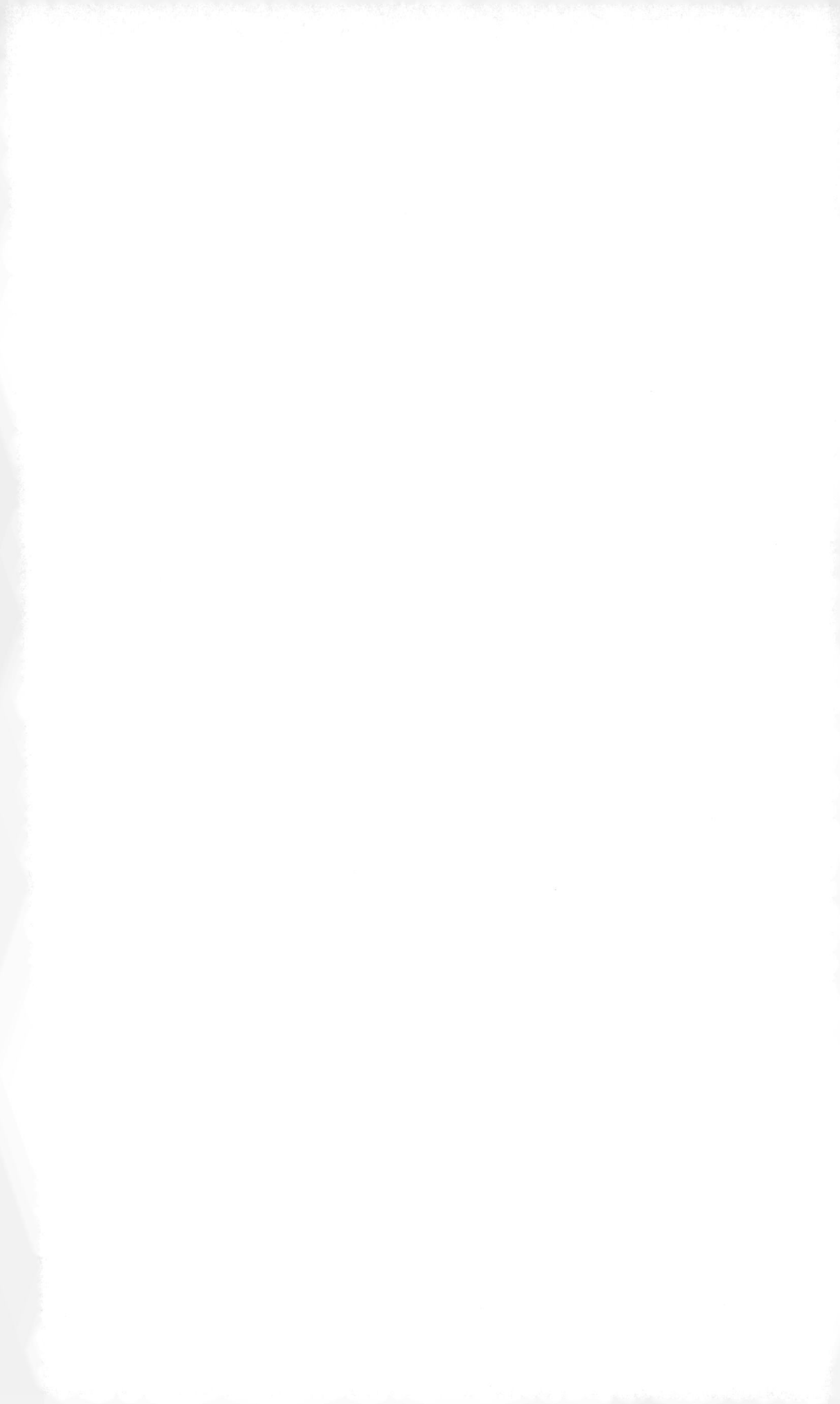